मन के काग़ज़ पर

– एहसासों की स्याही से

✒ – सुष्मिता मिश्रा –

/ BookLeaf
Publishing

India | USA | UK

Made with ❤ on the BookLeaf Publishing Platform
www.bookleafpub.in
www.bookleafpub.com

Dedication

समर्पण

माँ और पापा को समर्पित —
जो मेरे पहले घर भी हैं,
पहली कविता भी,
और उन दोनों के बीच की हर अनकही पंक्ति भी।

हर उस बेटी के नाम,
जिसने एक घर छोड़ा,
पर अपने भीतर एक नया घर पा लिया।

Preface

प्रस्तावना

हर इंसान के भीतर एक घर होता है — यादों का, एहसासों का, और
उन भावनाओं का, जिन्हें हम शब्दों में कभी पूरी तरह बाँध नहीं पाते।
"मन के कागज़ पर" उसी घर की यात्रा है — जहाँ हर पन्ना एक स्मृति
है, हर पंक्ति एक अहसास, और हर कविता एक छोटी-सी विदाई।
इन कविताओं में मैंने वही लिखा है जो महसूस किया — कभी एक
बेटी के रूप में, कभी एक स्त्री के रूप में, और कभी बस एक इंसान
के रूप में।
कुछ पंक्तियाँ मुस्कुराएँगी, कुछ आँखें भिगो जाएँगी,
पर हर कविता आपको किसी न किसी अपने पल से जोड़ देगी —
शायद उसी एहसास से, जो कभी आपके मन के कागज़ पर भी लिखा
गया होगा।
शब्दों का ये सफ़र मेरे जीवन का सबसे सच्चा हिस्सा है —
जहाँ मैंने खुद को जाना, समझा, और कभी-कभी फिर से पाया।
अगर इन पंक्तियों में आपको अपने दिल की कोई झलक दिखे,
तो समझ लीजिए, "मन के कागज़ पर" ने अपना मक़सद पा लिया।

Acknowledgements

आभार

"मन के कागज़ पर" केवल कविताओं का संग्रह नहीं, बल्कि मेरे जीवन के उन अनकहे एहसासों का दस्तावेज़ है, जिन्हें शब्दों में ढालने की हिम्मत मैंने पाई —

उन लोगों की बदौलत, जिन्होंने हर कदम पर मुझे विश्वास और प्रेम दिया।

सबसे पहले, मैं **अपने माता-पिता** का हृदय से धन्यवाद करती हूँ — जिन्होंने न सिर्फ मुझे जीवन दिया, बल्कि सोचने, महसूस करने और लिखने की स्वतंत्रता भी दी।

माँ की ममता और पापा के स्नेह ने इस किताब की हर पंक्ति को आकार दिया है।

मेरे परिवार और मित्रों का भी आभार,

जो हर बार मेरे शब्दों को सुनते रहे, समझते रहे और कभी थके नहीं। उनके प्रोत्साहन ने ही मेरी कलम को बहने दिया।

अपने छोटे बच्चों का भी विशेष आभार,

जिनकी हँसी, मासूमियत और अनगिनत छोटी-छोटी बातें मेरे हर शब्द में रंग और जीवन भर देती हैं।

साथ ही, उन अनगिनत पलों, स्थानों और लोगों का भी धन्यवाद, जिन्होंने कभी जाने-अनजाने मेरे मन के कागज़ पर कोई न कोई छाप छोड़ दी।

शायद बिना उनके यह सफ़र अधूरा रहता।

और अंत में –

हर उस पाठक का दिल से धन्यवाद,
जो इन कविताओं को पढ़ते हुए अपने दिल के किसी कोने से जुड़
पाए।
अगर मेरी पंक्तियों में आपको अपने जीवन का कोई अंश दिखाई दे,
तो यही इस लेखन की सबसे बड़ी सफलता होगी।

1. माँ

जब भी आती है कोई **विपदा**, **परेशानी** या मैं **बीमार** पड़ती हूँ..
माँ, मैं तुमको ही **याद** करती हूँ...

घुटन होती है इस **दुनिया** में जब..
तुम्हारे **आँचल** की **ख़ुशबू** में ही **साँस** लेती हूँ...

खूब किए हैं **झगड़े** तुमसे, खूब दिखाई **नाराज़ी**..
पर फिर भी **दिल** को भायी सिर्फ तुम्हारी **शाबाशी**...

संभ्रम-सा रिश्ता है, कभी **प्रतिस्पर्धा** तो कभी **सहेली**..
कभी **खफ़ा** तुमसे, कभी तुम्हारी ही **गोद** में खेली...

समझो तो सब कुछ इस **रिश्ते** में है **जीवंत**..
नहीं तो यहीं से है **समझ** का **अंत**...

माँ का **दिल** मत दुखाना, न करना उससे **गुरूर**..
ये तो मैं नहीं कह सकती, पर फिर **मनाना** ज़रूर..

वो उसी में **खुश** हो जाएगी..
तुम्हारे साथ है **जीवन** उसका, उसी में अपना **सर्वस्व** पाएगी...

2. पिता

क्या **ठाठ** हैं इनके देखो, ये सब कहते हैं....
कोई नहीं देखता कि वो क्या-क्या **सहते** हैं...

वो एक बार कहने पे **भागे जाना**,
हर साल **गुड़िया** और **ढेरों खिलौने** दिलाना...

प्यार बेशुमार वो करते हैं,
तभी तो **मुंह** से निकली हर **ज़िद** वो बिन सोचे पूरी करते हैं...

मेरे **प्राध्यापक** भी वो, मेरे **सहचर** भी वो..
मेरे **अंकक** भी वो, मेरे **आलोचक** भी वो...
हर पग पर चलते हुए मेरे **बलदाता** भी वो...

मुझे याद है जब पहली बार उनको **छोड़ा** था,
उस पल ने मेरे **अंतरमन** को तोड़ा था...

दूर रह कर भी मेरी हर **अड़चन** को **सहल** करना...
और हर बार **रूठ जाने** पर, खुद ही **पहल** करना...

कोई **लफ़्ज़** नहीं जो **ज़ुबां** बयान कर पाए...

ये वो **एहसास** है जो एक बच्चे को **महफ़ूज़** रख पाए...

मेरे **पिता** मेरा **गौरव**, मेरा **यश** हैं...
बिन पिता, हर **संतान**,
हर **घर बेकस** है...

3. गृहिणी

वो कहते हैं, **तुमसे ही ये मकान घर है**...
तुम ना होती तो **मैं**, मैं नहीं होता...
मगर ये **सच्चाई** है इस **दुनिया** की...
जो **घर** को घर बनाती है, उसका कोई **घर** नहीं होता....

ना **मायका** मेरा, ना **ससुराल** मेरा....
बस **ज़िम्मेदारियों** का **हार** मेरा....

इस **हार** को बड़े **शान** से पहनी हूँ...
हाँ, मैं एक **गृहिणी** हूँ....

रिश्तों के **बंधन** में बंधी हूँ...
पर कोई **रिश्ता** मेरा नहीं होता....

कभी **बेटी**, कभी **बहू**, **पत्नी**, **माँ**, **बहन**...
ना जाने कितने **रिश्ते** बड़ी **शिद्दत** से निभाए मैंने...
पर फिर भी क्यों ये देखा है, मेरा **बराबरी** से **सम्मान** नहीं होता...

कहाँ जाऊँ, किससे लड़ूँ, कहाँ अपनी **शिकायतों** की पेशी करूँ...
हक़ीकत ये है कि **गृहिणी** होने का कोई **न्याय** नहीं होता...

4. बेड़ियाँ

लफ़्ज़ कम पड़ जाते हैं,
जो गिनने चलूँ अपनी **मज़बूरियों** को...
क्या **तोड़** सकूंगी कभी इन **बेड़ियों** को...

उलझी-उलझी **राहों** पे... लुटी-पिटी **चाहों** पे...
मन अटका है कहीं **पीपल** की **ठंडी छाँव** पे...

घर का **आँगन** बुलाता है...
दिल जाने को तैयार हो जाता है...

फिर नज़र आता है अपना **आधा पक्का आशियाँ**...
और एक "**आह!!**" के साथ सब थम जाता है...

बहुत मुश्किल है इस **भागदौड़ भरी ज़िंदगी** में **फ़ुर्सत** के **लम्हे** मिलना...
बचपन की वो **हँसी** और **गुड्डे-गुड़िया** मिलना...

5. हर मन रावण!

राम-राम करता **इंसान** भूल जाता है...
क्यों उसको हर किसी में **रावण** नज़र आता है...

छुपा रहे हैं अपने **जीवन** की **सच्चाई**...
ताकि बाहर दिखे तो बस **अच्छाई**...

भूल गए हैं अपने **आप** को, अपनी **राह** को...
बस **संतुष्ट** कर रहे हैं अपनी **चाह** को...

कहाँ जाओगे ये **चाह**, ये **मोह** लेकर...
एक बार देखो, क्या **ख़ुशी** मिलती है किसी को कुछ देकर...

याद रहे, **रावण** हो या **राम**,
वो **काट** चुके अपना **वक़्त**...
और ऐसे ही **आँख बंद करके** चलने से
तुम्हारा **अंत** होगा **सख़्त**...

6. बिखरे पन्ने

कोशिश कर रहे हैं **बिखरे पन्ने** समेटने की..
कुछ **ज़िंदगी** में **ज़िंदगी** जीने की..

रिश्तों की **डोर** कच्ची ज़रूर है..
पर **ज़माने** में यूँ ही इतना **शोर** है..

बांध के रखो तो **ज़िंदगी** चल रही है..
वरना **समय** के साथ तो **ढल** ही रही है..

चलते **क़दम** ठहर जाते हैं ये सोच के..
कि **खा** गई है **दुनिया, बुनियाद** नोच के..

जिसे देखो, इस बात पर इतना **मगरूर** है..
कि वो **ख़ुद** में कितना **मशरूफ़** है..

रिश्तों में पहले जैसी **बात** कहाँ..
वो **मिठास,** वो **एहसास** कहाँ..

अब तो बस **दिखावटी** चल है..
कहते हैं, क्या **साथ रहना** इतना **सरल** है..

क्या ये **पन्ने** कभी **सँवर** पाएंगे..
या हम यूँ ही **अधूरे** रह जाएँगे...

7. विदाई

पापा, मैं एक बार में **परायी** नहीं हुई...
माँ, मेरी सिर्फ़ एक बार ही **विदाई** नहीं हुई...

हर बार जब **घर** आती हूँ,
थोड़ा-थोड़ा **ख़ुद** को इस **घर** से दूर पाती हूँ।

पहली बार मैं **फुदकती हुई** अपने **कमरे** की ओर बढ़ी,
कमरे में कोई और लेटा था, मेरे **दिल** की **धड़कन** बढ़ी।

पर **ख़ुद** को समझाया – ये तो होना ही था,
ये **कमरा** तो तुमको **खोना** ही था।

दूसरी बार आई तो वो मेरी **तस्वीरें घर** से **ग़ायब** पाईं,
पुरानी **तस्वीरों** को नई **तस्वीरों** ने बदला था,
अब इस **घर** में मेरी **ज़िद** का **वज़न** भी पहले से **हल्का** था।

तीसरी बार आई तो **घर** में काफ़ी **बदलाव** था,
मेरा **बचपन** महसूस करना मुश्किल लगने लगा,

क्या ये वही **आँगन** है जिसमें मैं **खेली** हूँ?

क्या मैं अब भी इस **घर** की **बेटी** हूँ?

एक **मेहमान-सा सूटकेस** लेकर आना,
और हर बार थोड़ी और **विदा** कराना...

एक **लड़की** का **जीवन** भी अजीब है –
सब पाकर भी वो सबसे **ग़रीब** है।

सब **यादों** को **आँखों** में समेटे,
हर **एहसास** को **दिल** में समाए,
कहने को मैंने **दो-दो घर** हैं कमाए।

समाज ने भी **विदाई** की क्या **अनोखी रीत** बनाई,
बेटियाँ ही होती हर **घर** में **परायी**।

8. राही

हम सब एक **सफर** के **मुसाफ़िर** ही तो हैं...
अपने अपने **जीवन** में **काफ़िर** ही तो हैं...

राह **ढूंढते-ढूंढते** खो से गए हैं...
क्या चाहते हैं **ज़िंदगी** से...
अस्थिरता में **मुकम्मल** हो से गए हैं...

घर बसाने की चाह में **मकान** बना तो लिया हमने...
पर जब **सोचते** हैं तो सोचते हैं...
क्या **खोया** और क्या **पा लिया** हमने...

भागे जा रहे हैं **ज़िंदगी** की **दौड़** में यूँ...
खुद से पूछने की **फुर्सत** ही नहीं, क्या कर रहे हैं और क्यों?...

कभी **मन** करता है खुद को **समझाऊँ**...
रुक जा, साँस ले...

ज़रा **खुद** को **आइने** में देख,
अपने **आप** को, अपनी **राह** को **पहचान** दे...

9. दुआओं का सिक्का

हम **दुआओं** का **सिक्का** चलाते रहे...
हर **हथेली** पे उसको **सजाते** रहे...

मगर लौट के जब भी देखी **हथेली**...
बस **खाली लकीरें** ही पाते रहे...

अपने लिए **रोटी** माँगी अगर...
औरों की **भूख** भी बाँटी मगर...

लौट के **थाली** जब भी देखी...
पेट की **आहट** ही गूंजती देखी...

हमने **जज़्बात हवाओं** पे लिखे...
सोचा काश एक दिन ये **ख़त** बन के मिले...

मगर लौट के जब भी **पन्ने** खुले...
सिर्फ़ **ख़ामोशी** के **धागे** मिले...

खुद को **जलाया,** दी औरों को **रोशनी**...
रात ने दी बस **अंधेरों** की **संगिनी**...

हम **मुस्कुराए**, **दीए जलते** रहे...
आँखों में **सपने** पलते रहे,
बस **ख़ामोशियों** में **ढलते** रहे... **ढलते** रहे...

10. दोस्त

बहुत **याद** आते हैं वो **दोस्त**,
हर **ग़म** को मेरे जो **उड़ा** देते थे...

किसी से न कह सके जो,
हर **बात** हम **उनको** वो **बता** देते थे....

समस्या का **हल** दे सके या न,
ज़ख्म पे **मरहम** वो **लगा** देते थे....

दोस्तों की **दोस्ती** को हलके में मत लेना,
ये वो **शख़्स** हैं जो **हमको हम** बना देते थे....

बहुत **गलतियाँ** साथ की हमने,
पर हर **गलती** से वो **हमको** कुछ **नया सिखा** देते थे....

कभी **बीमार** पड़ा मैं अगर,
तो वो **माँ-बाप** का **किरदार** भी निभा देते थे....

अब कहाँ वो **बातें**, वो **मरहम**, वो **गलतियाँ**,
अब तो बस **हम** और हमारी **तन्हाई**,

कैसे उन्हें **खुद** के लिए बचा के रखूँ,
कैसे अपनी **दुनिया** का **किस्सा** बना के रखूँ,
काश वो आज मुझे आके ये **समझा** देते थे,

कुछ **पल** के लिए ही सही,
वो **खुशियाँ लौटा** देते थे...

11. चल ही पड़ा था...

वो **प्यार** था मेरा **पहला-पहला**,
पहली थी मेरी **रुसवाई**...
चल ही पड़ा था अपनी **सजाई हुई मंज़िल** की ओर,
कि **याद** मुझे **तेरी** आई...

सोच रहा था **बैठे-बैठे**,
क्या **खूब** है **किस्मत** मैंने पाई...
चल ही पड़ा था अपनी **सजाई हुई मंज़िल** की ओर,
कि **याद** मुझे **तेरी** आई...

लगा जैसे **तू** आ गया,
घनघोर **घटा** ऐसी छाई...
चल ही पड़ा था अपनी **सजाई हुई मंज़िल** की ओर,
कि **याद** मुझे **तेरी** आई...

मेरे **कंधों** पे था **भार** तेरा,
हर **वक़्त** थी **फ़िक्र** तेरी छाई...
चल ही पड़ा था अपनी **सजाई हुई मंज़िल** की ओर,
कि **याद** मुझे **तेरी** आई...

कब... कहाँ और कैसे हो गया ये,
ज़िन्दगी है – हमें कहाँ लाई...
चल ही पड़ा था अपनी **सजाई हुई मंज़िल** की ओर,
कि **याद** मुझे **तेरी** आई...

अब कुछ नहीं है कहने को,
बस **ज़िद** है – **मिटानी** है ये **तन्हाई**...
चल ही पड़ा था अपनी **सजाई हुई मंज़िल** की ओर,
कि **याद** मुझे **तेरी** आई...

12. तुम सही थे...

शायद तुम सही थे,
जब तुमने मुझे ये रास्ता दिखाया था...
कि जब तुमने मुझे **अपनों में अपने न होने** का **एहसास कराया** था...

शायद तुम सही थे,
जब तुमने मुझे आईने में ख़ुद को देखना सिखाया था...
कि जब तुमने मुझे **ख़ुद पर नाज़ करवाया** था...

शायद तुम सही थे,
जब तुमने कहा था कि ख़ुद की हस्ती, ख़ुद की नज़र में हो — ये
ज़रूरी है...
कि जब तुमने बताया कि **दुनिया की चिंता करना फ़ितूरी है...**

पर ये **सही नहीं** कि **ख़ुद पर नाज़ करते-करते, ख़ुद की पहचान** बना
ली...
बस ये **सही नहीं** कि **सारी फ़िक्र, सारी चिंता** मिटा दी...

तुम **नारी हो... औरत** हो...
तुम्हारा **बेबाक उड़ना** सही कहाँ...
तुम्हारे लिए नहीं है ये जहाँ...

13. क्या बनोगे...

बचपन में जब किसी ने पूछा था – **क्या बनोगे..?**
क्या तुम अपनी **राह ख़ुद चुनोगे**...

तब **अल्हड़ मन** ने कुछ न सोचा था,
उम्र ने **वक़्त** के **तक़ाज़े** को रोका था...

देखते-देखते समय निकल गया,
और मैं इस **चक्रव्यूह** में उलझ गया...

अब नए-नए **बहाने** ढूंढते हैं **मन बहलाने** के,
सोचते हैं – "**साहब**" तो हैं... पर बस **कहलाने** के...

मन का **सुकून** खो गया है,
सारा **उत्साह** सो गया है...

क्या बनेंगे, सोचने का **समय** कहाँ...
दफ़्न कर दिए हैं सारे **अरमान**...

14. कभी अपनों के बीच महफ़ूज़ रहने वाले दिल की आवाज़...

कभी **अनजानों** का **साथ** एक **बुरा सपना** लगता था,
अपनों के साथ उनका **प्यार** ही **अपना** लगता था...

आज उन **अनजानों** के साथ ही क्यों **ज़्यादा महफ़ूज़** हूँ,
इस **अनजान शहर** में, **बेगानों** के बीच **ज़्यादा खुश** हूँ...

एक **सुकून** है — ये मेरे बारे में कुछ **जानते** तो नहीं,
कम से कम मुझे **ठुकराते** तो नहीं...
अपना बनकर झटकाते तो नहीं...

यूँ तो **ज़िंदगी भर** का **साथ** कम लगता है,
कभी-कभी कुछ **पलों** का **साथ** भी बस लगता है...

कितना **अजीब** है — किसी को बिना जाने **भरोसा** हो जाना,
एक ही **मुलाक़ात** में यूँ **जुड़** जाना...

आज वो **अनजाने** अपने हो गए,
और जन्म से मिले सारे **रिश्ते** — **सपने** हो गए...

15. सही राह चुनो...

माना लाख खामियाँ हैं मुझमें,
पर क्या **खामियों** से ही मेरी **पहचान** करोगे?
अपनी **ग़लतियों** की **सज़ा** मुझे काटनी है,
याद रखना – अपनी ग़लतियों की सज़ा **तुम** भी भरोगे।

कुछ **विद्वान** कह गए हैं,
"क्या लेकर आए थे, क्या लेकर जाओगे..."
अब भी वक़्त है – ठहर जाओ,
वरना अपने **अतीत** को देखकर बहुत **पछताओगे।**

ये **घमंड** ही तो है तुम्हारा,
जो तुम्हें **चैन** से सोने नहीं देता।
वो बनो जो **ख़ुशी** के छोटे-बड़े पल
कभी **खोने** नहीं देता।

दिमाग़ की कम, **दिल** की ज़्यादा सुनो,
अहम को परे रखो –
सही राह चुनो... सही राह चुनो...

16. कलयुग से सत्ययुग की ओर...

बदलाव तो **निश्चित** है;
समय के साथ **तुम्हें बदलना** होगा...

मुंह के बल गिरने से पहले,
रास्ते में **संभलना** होगा...

जिस **घमंड** के बल पर तुम **ऊपर उठ** रहे हो,
उस **घमंड** की **धूल** से **बचकर निकलना** होगा...

कम बात करो या **खूब** —
पर अपनी **तीखी बातों** से **दूसरों के मन** को **दुखाने** से बचना होगा...

यह **कलयुग** का **दौर** है;
यहाँ **रावण** बनना **आसान** है,
तुम्हें कठिन राह लेकर **राम बनकर चमकना** होगा...

घर-घर प्रवक्ता अनेक हैं;
तुम्हें आदर्श प्रमाण दे कर **चलना** होगा...

दुनिया में हर जगह **दरिंदगी** का **कीचड़** फैला है;

तुम्हें **नेक रास्ते** पर **चलकर कमल** की तरह **खिलना** होगा...

इस **घने अँधेरे जंगल** में **डर** की **फिक्र** न करते हुए,
तुम्हें इंसानियत का **उजाला बनकर जलना** होगा...

17. ज़िंदगी का किराया...

जिसने **राख से ख़ुद को जोड़ा** हो,
वो **आग** से कहाँ **डर** जाता है...

जो **रातभर अंधेरों** से **लड़ा** हो,
वो **सुबह की रोशनी** को **गले लगाता** है...

जिसने **पैर घिसकर जूते** खरीदे हों,
उसका **इतराना घमंड** नहीं कहलाता है...

वो बस **ज़िंदगी** से मिला **किराया** है —
थोड़ा **दर्द**, थोड़ा **सुकून** दे जाता है...

जिसने **ठोकर खाकर रास्ता** पाया हो,
वो **मंज़िल** ज़रूर पाता है...

जिसके **सपने टूटे**, फिर जोड़े गए हों —
उसका **जीतना सफल** हो जाता है...

जो **आँसू पीकर मुस्कुराया** हो,
उसका **जीना इबादत** कहलाता है...

18. मेरा घर

मेरा घर, मेरे **गर्म कंबल** की **सुस्ती**,
सब वही है,
पर अब **मैं**, मैं नहीं रहा...

वही **चाय की चुस्की**,
वही **भाई-बहन की मस्ती**,
पर अब **रिश्तों** में वो **रस** नहीं रहा...

वही **शहर** है, वही **गलियाँ**,
वही **बाग-बग़ीचे**,
पर अब **कदमों** में वो **बल** नहीं रहा...

वही **नमकी** है,
वही **मिठाई**, वही **त्यौहार**,
पर अब वो **उत्साह** नहीं रहा...

वही **चेहरे** हैं,
वही **लोग**, वही **मिलना-जुलना**,
पर अब **मिलने** का पहले जैसा **मन** नहीं रहा...

वही **मैं** हूँ,
वही मेरा **नज़रिया**,
बस इस **सीने** में **दिल** नहीं रहा...

वही **फ़र्श** है,
वही **दीवारें**, वही **रंग**,
पर अब **मेरा घर**, **मेरा घर** नहीं रहा...

19. बुझी आग

चलो ढूँढे उस **रोशनी** को...
दबी-धकी चाँदनी को...

जो **छुप** कर भी **छुपी नहीं**...
रुक कर भी **रुकी नहीं**...

देखो, **जल** रही है **बुझे दीए** की **आग** सी...
जान बाकी है, मगर **नाम मात्र** सी...

उसे जगा दो...
रास्ता दिखा दो...

क्यों **दबा** रहे हो अपनी **आवाज़** को...
चलो ढूँढे उस **ठंडी आग** को...

20. नियत

जो हर बार **शब्द** से नहीं, **एहसास** से तोलता है —
वो **चुप रहकर दर्द मेरा खोलता** है...

भीड़ में भी मेरी **ख़ामोशी** पर **नज़र रखता** है,
मैं कुछ न कहूँ, फिर भी **सब समझता** है...

जिसे मेरे **कड़वे शब्दों** की **नियत** पता है,
असल में वही मेरा **अपना**, मेरा **सगा** है...

बाकी सब तो **मुस्कान** देखकर **संतुष्ट** हो जाते हैं,
पर **छिपे हुए आँसुओं** के क़रीब **बहुत कम लोग** आते हैं...

जो मेरे अँधेरों में भी **रोशनी** ढूँढ लेता है,
बिना बोले मेरा **बोझ अपने कंधों** पर **ढोता** है...

कभी **डाँट कर**, कभी **हँस कर**, **सीख दे जाता** है,
ख़ुद टूट कर भी मुझे **संभालता** है...

उसके साथ **लफ़्ज़ों** की **ज़रूरत** कम पड़ती है,
भाषा अल्फ़ाज़ों की नहीं, **नज़र** की चलती है...

21. रक़ीब

ये **तू** है या तेरे **जज़्बात** हैं,
ये **मैं** हूँ या मेरे **हालात** हैं..

.

प्यार है या बस एक **आदत**,
जो **छूट** नहीं रही,
और ये **दिल उमड़** रहा **एहसासों** का **सैलाब** है...

करीब हो कर भी **करीब** नहीं,
ऐसा **बेगैरत** तो मेरा **नसीब** नहीं...

जो हो गया **रुख़सत नज़रों** से,
एक **उम्र** बीत गई जिस **क़िस्से** को,
मुझे पता है — वो मेरा **रक़ीब** नहीं...

22. नम आँखें

ज़िंदगी यूँ **जी** तो रहे हैं,
हर **ग़म , ख़ुशी** की आड़ लेकर **पी** तो रहे हैं...

राह में चलते-चलते किसी से **टकरा** गए अगर,
ज़ुबान पर **लफ़्ज़** कम रखते हैं,
और **लबों** पर **हँसी** हम रखते हैं...

दिल पर ये **बड़ा-सा बोझ** लेकर घूमते हैं फिर भी,
दरियादिली दिखाने का **हुनर** हम रखते हैं...

बिखरे जज़्बात हैं, **बिगड़े हालात** हैं,
पर **आँखें** कहाँ **नम** हम रखते हैं...

23. बड़ा भाई

बड़े भाई का **कर्तव्य** निभाया,
मुझे हर **छोटी-बड़ी मुसीबत** से बचाया...

कहने को हम बहुत **लड़ते** हैं,
अपनी-अपनी **बातों** पे दोनों **अकड़ते** हैं...

पर यही तो **भाई-बहन** की नोक-झोंक है,
हर बात पर एक-दूसरे के लिए **रोक-टोक** है...

पिता के बाद बड़ा भाई ही **सहारा** होता है,
तुम्हें **संभालने वाला**, तुम्हारा **रखवाला** होता है...

घर के बाद अगर कोई **घर** है,
तो वो बड़े भाई के **दिल** में है,
एक-एक **बात** एक-दूसरे को बताने में है,
खुद उलझकर दूसरे को **सुलझाने** में है...

सही कहा है, **भाई-बहन** की अपनी **दुनिया** होती है,
भाई की **ख़ुशी** के सामने ये **दुनिया** छोटी होती है...

बाहरी तौर पे **प्यार** हम भले ही जताते नहीं,
दुनिया को अपने **रिश्ते** की **गहराई** हम दिखाते नहीं...
कितने भी **दूर** क्यों न हो एक-दूसरे से,
बात किए बिना हम रह पाते नहीं...

आख़िर ये वो **अनमोल रिश्ता** है,
जिसने बहुत कुछ **देखा** है, बहुत कुछ **झेला** है,
भाई के बिना हर **ख़ुशी अधूरी**, हर **पल अकेला** है...

www.ingramcontent.com/pod-product-compliance
Lightning Source LLC
Chambersburg PA
CBHW050954030426
42339CB00007B/391
9781807151669